詩集

風が光る

詩集　風が光る

kaze ga hikaru

心の風ふく丘文芸委員会 編

この坂を登れば 光がみえる

この坂を登れば　笑顔がみえる
右に一人　左に一人　真ん中に一人
周りを見渡せば　そこには笑顔があふれていた
みんな大変そうだけど
みんな笑顔をもっている
一人一人の　個性の笑顔

そこには　人らしい　人たちがたくさんいる
時には悩み　時には苦しみ
時には笑顔
みんな何かに一生懸命
山あり　谷ありだけど
一生懸命生きている
そこに　たまにみせる
笑顔が輝いている

（広子）

心の中は

もうじき太陽が出る

私の愛には限りがある

自分について

心の中は

病気のこと
書かない　書けない……。
いつ　自分が病気になったのか……。
自分でも……わからない。
僕は　これからあと
どうなるのだろう
一生　病院にいることになるのだろうか
心の中は
その思いでいっぱい……。

病気

高里

子どもを育てるのにがむしゃらで　仕事をしてきた
景気のはざまに翻弄され　アルコールの飲みすぎ
結果、今の状態の自分
家族と対等に話ができない
自分では　いい親父のつもりだったが
逆に迷惑をかけている
今はもがいている状態
自分に負けない
自分があきらめたら　治らない

山あり谷もあったが　過去を笑って
家族に話せる自分に　良い方向にもっていきたいものだ
孫を想像する
孫を連れ　公園で遊ぶ
そんな楽しみを自分で探していくこと
それまでは負けられない
今　家族は何かバラバラ
また　楽しい話を分け合いたい願いをもつ
今は　反省を込めての
幸せ探し

アイロンがけ

屋比久

てんかん発作で　二時間倒れていた
いつ気を失うのか　わからないから
どうしようもない
教えてもらった　倒れた回数　25回
運んでもらった救急車　17回
一人家にいても　いつも心配
アイロンがけをしていたのに
気を失うから　顔をつけたら危ないから
アイロンがけはダメ　と姉妹が言う

昆虫を飼ったり　植物を植えたり
めじろを飼いたいと言ったが
それはいかんよ　と姉妹は言う
それでも
心配して　まわってきてくれる姉妹だから
迷惑をかけないよう　相談する

自分　　広子

二人きりで暮らしてきたのに
母が無くなった、十九歳の冬
それからは、無我夢中で生きていた
二十六歳の発病
一生のまないといけない薬だ、と主治医に言われた
あの日、人生の終わりだと思った
薬を飲まずに、何度も入退院を繰り返す日々
耳元で大きく聴こえる幻聴
友人の一人は

「もう、これ以上悪いことは起きないから
あとは、のぼっていくだけ」といった
少しだけ、心の灯りがともった
三十五歳、いまでは薬を飲む大切さを知っている
病気にかかったことでわかる様になった優しさ
心にゆとりがでてきた
感謝をしながら
皆に恩返しをしていきたい

ずっと歩いていた

I・K

来る日も来る日も　街をずっと歩いていた
食料品店や衣料店に脚を運ぶ
そのうちに気づいた
自分のために　店員がやめた
自分がいると　周りは嫌がる
そんな自分を許してほしい
だから　歩くのはやめた
今になってわかった　友だちに教えてもらった
自己妄想

デイケアでホテルのバイキング
食事のマナーやルール
初めて知る　世の中のこと
世の中に合わせるために　パニックになる
「これで大丈夫か」　と不安になる
デイケアの中で　友だちの中で
教えてもらい　確かめながら　進んできた
何も知らない大人だったが
そういう経験を積んで　今年45歳
すべてよかった　とふり返る
今日このごろ

アパートの大家さん

比嘉千賀子

新しいアパートに引っ越す
ウキウキ　ワクワク
生活保護を受けていても
引っ越せるものと思ったけれど

やはり断られた
「大家さん差別しないで…」と涙がでてきた
子どもたちと一緒に暮らすためにと
探したアパート

現実は厳しい
傷つく

今は休憩
大家さん
生活保護の人達のことを
よく知らないのだろうな
深く考えず、浅く浅く

きっとわかってくれる大家さんと
いつか出会えるはず

偏見とあいさつ

新里博文

あいさつをしても
無視して通り過ぎる人。
知らんふりをしている。

「偏見があるのかな。」

あいさつをしたら
あいさつが返ってきた。

僕は、
その人の住んでいる棟や、
名前までも覚えていく。

そのうちに、話しかけてくれた。

僕には、
そんなことが
たまらなく　嬉しいのだ。

言えなかった言葉

新里和枝

「腰が痛いよ、体が痛いよ」
五十六歳になったから
この言葉が許されるようになった

若い時は周りの人に
「若いのにそう言うの？」と言われるから
痛みがあっても
どうしていいのかわからなかった
どうしていいのかわからなかった

時が経ち
「腰が痛いよ、体が痛いよ」
と言えるのが許されたのに
今度は心が痛い

九十八歳のおじさんに
年頃の姪っ子
何もしてやれない私

「腰が痛いよ、体が痛いよ、この年だから」
と逃れながらも
心が痛い私

ゆいまーる

仲座

毎日、眠れない日々。
いつも、死ぬことばかり考えていた。
いじめ……家庭内の暴力。
たくさんの大きな犠牲ばかり。
いろいろありすぎて……頭が制御できない。
でも
今日の元気な自分がいる。
あたたかい人たちや仲間に見守られている。
どこかでつまづいても誰かが見ていてくれる。

だから、大丈夫。
私、頑張るから。

一つだけお願いがあります。
頑張れなくて、亡くなってしまった人達。
時々でいいから
思い出してください。

この手に　この心に

上地美智子

どうして病気があるのだろう
こんなに人々を苦しめて
でも、文芸教室で思いもよらない世界に出会えた
たくさんの人々の心に
自分と同じ気持ちだったと思える
身近な人々に出会えた
不思議な経験だった
デイケアに来るまで思いもよらなかった
若い時に病気をして　老いてきた私

だが年をとってこの人たちとめぐり会った
想像もしなかった、たくさんのめぐり会い
ありがとう
幸せになりました

人はいつか死んで行く
悟ることは難しいけれど
始まりがあり終わりがある
今は何も怖くない
この手に　この心に
ほんの僅かな力と
明日がある限りは

デイケアがあったから

金城　豊

仕事は続けられなかったけれど
デイケアがあったから自分がいる
デイケアに来たら人とのつきあいがあるから
自分のためになる
デイケアで仲間の愛情が深まる
デイケアから帰ったら趣味を楽しむ
デイケアを離れ
自立をしたときには
人の痛みや苦しみを理解できる
僕になっているだろう

歩き出す

石川勝則

二十代　夢に生きる
三十代　ひとり歩く
四十代　空回り
五十代　人生に気づく
六十代　生きるすべを学ぶ

九十代
やり残したことはないかと　考えつつも
頭をあげて　歩き出す

今、私は九二歳

仲村トミ子

今、私は九二歳
今いちばん苦しいのは、夜眠られなくなること
寝ようと思っても　寝られない
それが　私には堪えきれない

妹の孫がこの病院に働いている
こっちきたら　良くなって帰る人がいるからと
甥や姪が言ってくれたから　ここに来た
助かっています

みんなに助けられて幸せです
今　手も足も震え
人の手や足を借りないと　やっていけないです
このデイケアに来るだけでも
迷惑をかけているような気がする
苦しいんですよ
病気なのか　なんなのか
はっきりわからない
瞼も重くて　大変です
みんなに迷惑かけて　自分の体の自由もきかないで
申し訳ないと思っています

私には一人息子だけがいる

孫は二人
私の兄弟は五名だったけど
男三名に女二名
男の兄弟のうち二人は兵隊で亡くし、戦死した
末子の男の子は　子どものとき　はしかで亡くなった
今　生きているのは
妹は八五歳だったかね～
わからなくなる
年とったら、こういうもんかね～、姉さん
みんなに迷惑かけてよ～

何かが浮かんでくる
自然に眠れなくて　とび起きる

いつも夜が怖い
昨日どんなことをやったとか
今からやるのをどうしたらいいかね～
と浮かんできて、自然にとび起きる

夜中ですね
一番　自分でも怖いな～と思うのは
夜中階段を上って　子どもたちを起こすのが怖いんですよ
迷惑かけているとわかるけど　起こしてしまう
一番　これが怖いんです
一番　人に迷惑をかけるのが辛い
でも　人に迷惑をかけてしまう
なんでよその人は迷惑をかけないのに

自分はこうなのかね～と
胃もムカついて　めまいがする

デイケアに来ても　寝られない
おうちでも　昼は寝れないけど
でも　このデイケアに来て
胃がムカつくのと　イライラするのを　治したい
眠たいけど　眠れないから
ぐっすり眠れるようになりたい
先生は「うんと疲れなさい。そしたら寝れるから」と言っていた

先生が「よく来たね」と迎えてくれる
デイケアの皆さんに優しくしてもらって　とても嬉しい

家族以上
家族はいろいろ言ったりする
家族だから　言ったりもする
それはわかっている

私の目標
ぐっすり眠れるようになること
イライラがなくなること

みなさん　助けてくださいね

もうじき太陽が出る

私の人生
長い雨が上がりつつある
家族が雨にも濡れた
今は
家族が笑う日が増えた。
私も笑う日が増えた。
もうじき太陽が出る。

（「もうじき太陽が」　高良英明）

関わり

大城満

思い出といっても
ごく普通の家庭だから
これといった思い出もない

普通のおかあさんだった
厳しくないし
親父は厳しかった

もう両親はいない

自分は両親からもらったものがひとつある

愛情

自分は普通の愛情を両親からもらった

幻聴

渡慶次政行

今、声が聴こえた
糸満なまりで言った
姉さんの声だ

「ここにいる友達を、大切にしなさい」

と聴こえてきた
姉さんの声だ
すぐそこにいるような感じだ

お盆

阿慶田

兄貴と一緒に親戚周り
方々と済ませて
いざ寮へ
ハッと兄貴と目を合わす
忘れていた
父母のいる
実家のお参り

明日にしようやと
笑いながら二人、離れた

忘年会

阿慶田

思い起こせば　あれから四十年
発病して　人生は変わった

いろいろ悩みはあっても
職も得て
妻と子供二人が出来た　三十代
一生懸命　仕事に励んだ毎日

なのに

年に一度の忘年会
お酒を飲むと　すぐに再発
繰り返される年月

離れていった妻や子供は
元気なのだろうか
又会える日は
やってくるのだろうか

きずな

比嘉千賀子

病気で別れた夫に
だめもとで近づくことができた。

小さなことだけど
うれしくて　うれしくて
幸せをもらった。

声を聞くだけ　姿を見るだけでも
大切な時間。

楽しい時間が
せつなくて　せつなくて
苦しかった。

一人でいるのが怖かったから
子どもたちが
花をさかせてくれた
私たちの時間。

愛する子よ

ゆう子

退院の日
病んでいる母の手をとり、
家路へと帰る。
つながった手のぬくもり
あったかい

日曜日の朝
「起きたら、ちゃんと食べてね」と、
食卓に

覚えたての料理があった。
ほほと心に
うれし涙の雨が降っていました。

「ありがとう」

私が子どもになって　子どもが親になっている

K・H

私のために、
ご飯を作ってくれる。
それと、
「薬飲んでる？」
「時間よ？」
と言ったりするくらいしか
思い出せないけど、
それが今はうれしい。

子どもの頃は、
好き嫌いが多かったのに
今は何でも食べられる。

今、私が子どもになって
子どもが親になっている。

そんなことに
うれしさを感じる。

「僕が洗濯しておくからね」

上間よしえ

一度もした事なんかないのにと
あっけにとられる私
帰ってくると　服が干されている
あれから増える　洗濯の回数
お酒ばかり飲んでいた息子なのに
この子はいい子？

台風が去った
植木や花が

風呂場からベランダに出されている
びっくりする私
この子はいい子？

いつも娘ばかり褒めていた私
その娘は
「弟はいい子、大事にして」という
胸を打たれた私
「ありがとうね、洗濯をしてくれて」
「ありがとうね、花を出してくれて」
「本当にありがとうね、あつき」

母の夢

広子

母が亡くなってから
自分を苦しめ続けた思い。
いつも心の奥底にある
「病気を早く見つけることができたら」
「悪化しない前にわかってあげたら……」

ある日母の夢をみた
良く連れて行ってくれた海辺で
昼寝をする幼い私

そんな私を力いっぱい抱きしめ
「私の事は大丈夫だから、早く幸せになってね」
と気がつくと母は見えなくなっていた

涙でいっぱいになる私
もう許そう、私を
過ぎた事で自分を苦しめるのはもうよそう
許そう私を
あの頃は、ああする事しか
できなかったのだから
やっと、やっと解き放された

私の頬に涙のあとが残る朝

親　　渡慶次政行

自分は親を憎んでいた
自分は自分の道を行く
それで良かった

道の途中で病気になった
みじめだった
そんななかで伴侶を求めた

子供ができない

親を憎んでいた自分が
はずかしくなった

失望から始まる人生

渡慶次政行

病気で孤独な
僕の話を聞いてくれた
同じ病気をもつ女性
幸せにしたいと
まとまったお金を得るため、社会に出た
一年後に結婚した　今の女房

けれども　二人で
何度も入院と退院をくり返してきた

それでも　夜中に冷蔵庫を開ける音
『コーラを飲むのだな…』とわかる
夜の中でも、そばに誰かがいるという嬉しさ

二人でいることは
働きも二倍
親戚も二倍
食べるのも二倍

失望にも　望みという字が入っている
そこから希望につながることもある

ベターハーフ

渡慶次政行

炊事の仕事をしていた頃
女房の手は荒れて
両手も固かった
今、手を握ってみると
あたたかく
少しやわらかい

ダイエット

渡慶次久美子

最近から始めた　ダイエット
ダイエットの茶を入れ
沸かして　一日二回
冷蔵庫で冷やして飲む　ダイエット茶
効果が少しずつあらわれてきた
「目標二十キロ減」
と言ったら
大きな声で笑った夫
げんこつ一発！
「頑張れ、自分」

妻へ送る

高良正生

愛にもいろいろあるけど
駆け引きだけではなく
もっと素直な愛がある
親が子どもを思う愛
人が人を思う愛
人生の利益や損得ばかりでなく
ただ好きで…

単に愛おしくて

一つの命として
そんな愛があって
いいんじゃないか

そして二人でいることで
生きていて良かったと思う
時が来るのを祈っている

母ちゃん

高良正生

「母ちゃん」「母ちゃん」
俺にとっては　最高の称号
妻を「母ちゃん」と呼んでいた
「私はあなたのお母さんではありません」
と言われ
今は名前で呼んでいるのだが……
いつかは、やはり「母ちゃん」と言おう
俺にとって
母ちゃんは、最高の称号なのだ

扇風機

さゆき

おばあちゃんと二人
あんまり暑くて　扇風機を一人占め
「暑いねー」と　おばあちゃんのつぶやき
私は、心がピッ　となって、ハッ　とした
「おばあちゃんも暑かったはずなのに……」
そっと　扇風機を向けてみた
「ハァー、暑い　暑い」
二人で夕焼けを見ながら過ごした夏
心がなごんだ　夕日と　夕焼け

孫の手

M・A

公園に連れて行ったつもりが
実は連れて行ってもらっていた

孫に手をひかれ　思いっきり背伸び
孫に手をひかれ　ブランコやバランス棒
私はすべり台を下からタッタッタッとかけ上がる
「おばあちゃん　すごい!!」

私を頼って　まっすぐにのびてくる

そのつないだ手に……
いく度　救われただろうか

孫たちとの時間を重ねてゆく中で
積もりつもった　私の心ぐせ
少しずつ　少しずつ
曇りを晴らしていこう!!

私の愛には限りがある

さみしい気持ちに
素直になったら
暖かい場所につながった

これから　ゆっくり育ててゆこう
私なりの愛を
限りない愛を

（「私の愛には限りがある」より　M・A）

耕す

西里

人は耕している
自分なりの畑を
うらやましいけど
自分は自分の畑を
耕していこう

十年前に父と畑を耕したことを思い出した
自分は今までに
仕事という仕事、畑という畑を

ダメにしてきてしまった
つらい現実

これからは
もう少し気を軽く持って
毎日、毎日
繰り返し、繰り返し
良い畑を耕していこう

裏も表も　気にせずに

生きていきましょうかねぇ

恵

信じることの辛さを考えると
平和ってなんだろうと考える
平和の中身を探ると　不安になる
世界平和　人間の平和
正直いって　思い悩む
人を信じようと
頑張れば頑張るほど
何気に切ない　辛い

頑張っていきましょうかねぇ
この人生
生きていきましょうかねぇ
この世に

信じたくて

山城マサ子

長い人生　道のりで
人を信じて思い込み
何度となく傷つき
血のにじむような涙を流して
生きてきた

その度に
もう二度と傷つくまいと
心に誓ってきたけれど

同じことを繰り返す　愚か者

それでも　人を信じたくて
思い込みの危うさと葛藤しながら
人の愛を信じたくて
信じる心を失わずにいたくて……

半歩でもいいから

渡久山勝吉

青空を漂う　雲のように
人の心は　移り変わる
だからこそ
人との関わり合いは
気を抜けない

人を信じて　人に裏切られ
人を愛して　人を傷つけ
その人との　関わりの中で

人生という　長い道のりを
歩んでゆくのでしょう

一筋の　光を求めて
一歩ではなく　半歩でもいいから
先へ進めば　いいじゃないか
その先には　きっと
いいことが　待っている

世の中そうもいかない

徳田浩

平凡に生きてみたい
社会に出たら、何事もなく順調に
当たらず　触らず　世渡り上手になりたい

でも、世の中そうもいかない
いろいろな悩みが出てくる
坂を登らないと
頂上で一息つけない
前向きに歩こうとすると

長続きしない
横向きに歩けば
楽なのかなと思ったりする

今、何を目的に生きているのか
わからない自分
でも、前向きの心は失いたくない
なかゆくいいして
また新しい道を探そう

「反省しても人間はよくならない」

M・A

私は過去に生き
過去に縛られているのかもしれない
「反省しても　決して人間はよくならない……」
の一文にハッとさせられる

生きてきた癖
簡単には改められないけれど
せめて振り返るなら

一日だけにしよう

たった一つしかない
私の心
良くするのも
悪くするのも
私しだい

私の愛には限りがある

M・A

私の愛には限りがある
悲しいこと
苦しいこと
嫌なことがあると
すぐ底をつく
愛にあふれる人が
うらやましかった
比べてばかりだった

さみしい気持ちに
素直になったら
暖かい場所につながった

これから　ゆっくり育ててゆこう
私なりの愛を
限りない愛を

風邪

西里

クシャミを一回
ハクションと二回
又、ハクションと三回

僕はクシャミをする人の
回数ごとに
クスケーと一回
クスケーと二回
クスケーと三回

英語では
ガットブレスユー
クシャミは神様が私を
祝福してくれている
友達が教えてくれた英語
ガットブレスユー

クシャミは神様からのプレゼント

ガットブレスユー
この言葉が大好きで
胸がいっぱいになる

ゆっくりと

高良正江

生きている中で
いつも心が揺れている
どうしたら強くなれるのか
生きているだけで
夢がなく　消極的な私
いつになったら　頑張れる
私は弱い人間
いつになったら　自分自身を許せるのか
人生を見つめなおす今
重い人生だ

意味がわからない　もどかしい
とにかく力が欲しい
みんなはどうやって生きているのだろう
今日は特別に生きる日だ
私は私なりに生きて向かわなければいけない
私はしんどいので
ゆっくり生きていく
とにかく私らしく
のびのびと生きていくのだ
楽しく生きたい
明るく生きたい
私らしく
私らしく

素直でありたい

高良正江

年をとって心もゆがんでみたくなる
心の中は　はかりしれない　誰にもみえない
でも　心の奥で　叫ぶ自分がいる
自由でありたい　一人勝手に歩きたい
胸の内を広げて　語りあかしたい
しかし　現実は　引っ込み思案の私がいる
イヤになる
言葉に言い表せないもどかしさ
想いのままに言えたら　どんなにいいか

私には難しいことだ
それは弱点かもしれない
けれど　やはり
私は自分らしく　マイペースで
生き抜くしかない

自分について

高良正生

「私のことは、私が一番知っている」と思っていた。
意固地になっていた自分。

でも、仲間のなかで
私の知らない私を見つけていく。
未知なる私
私は、少しづつ変わっていく。

長い年月をかけて

ようやく自分に目覚め、自分らしさを
取り戻せた。

これからは、自分らしく
生きてゆけるだろうか?

歩いていく方向　　広子

右にはあなたがいる
左には私がいる

心はどちらに流れればいいのだろう

気持ちはどちらに傾けば
あなたに届くのだろう

自分の立つ位置はどこだろう？

座る位置もどこだろう?
歩いていく方向は
きっと
かがやかしい未来だろうと信じたい

「挫折」

豊平高司

私は、診察して、
貰った薬を２週間、
飲みませんでした。

そして、
パチンコをしたいという、
欲求が
起こりました。

ＣＤを売ってお金を
作ってやりました。

ＣＤショップで、
松山千春の
「挫折」を買いました。

まさに、今が、
私の挫折です。

自分

新里和枝

けんこうでないために
けっこんができない。
でも、自分でできることをする。
いとこの兄さんと草むしり。
草をひっぱる。
カマをとってあげる。
つえをつく兄さんをおこしてあげる。
そして、
兄さんのまごたちにおとし玉をあげる。

けんこうではないけれど
むりして
自分でいじをはっているところです。

でも
自由部屋でねているときの私は
しあわせです。

今の自分

山城俊子

今の自分は
三六〇度　変わってきた
それで良いのか
でも、みんなと調子を合わせていけるのは
一歩大人になったような気がする
それで良いのかも？

気づき

小室

他人に話をすることが
実は自分自身に問いかけていることに気づく
日頃　自分が
考えていることなのだと気づく

傘の色　　西里

１００本の傘のなかから
僕は
緑色の傘を選ぶ。
君は
何色の傘を選ぶだろう。
赤色
ピンク色

それとも
黄色い傘かな？
何色であっても
「君色の傘」だよ。

自分

小室

赤ちゃんは
無意識に眠る……

他人を信じ
自分を振り返る
そんな時
自分が見える

影と光

Ｓ・Ｋ

無意識に病気に肩を入れる日々
五感で感じる真実

落とし穴の底から見上げた光は
一層輝いて見える

青い影が尾を引いているけれど
切り離すなんて思っちゃいない

影あっての光

平和のまんなか

一人、ラジオを聴いているとき
一人、まかされた仕事をしているとき
一人、考え事をして
楽しんでいるとき

孤独の中に、
巡りくる
楽しみを見つけて、
ひとときの時間を過ごす

平和のまんなか
やっとここまでこれた

朝の散策

山城マサ子

自然っていいね
澄み切った青空
何処までもつづいている
朝の光
ぽかぽかと　私の心を包んでくれた
清々しい風
目には見えないけど
私の頬をそっと撫でて
優しい声をかけ　通り過ぎる

ああ……自然っていいね
朝の散策
自然と寄り添って
見上げると院内の十字架が
朝日に輝き　そびえている

原さんへ

高良正江

※テレビ番組「沖縄BON!」(琉球放送)に出演しないかとカメラマン原さんとの話し合いで、みんなは撮られる怖さ、緊張を伝えている最中……、原さんは、持ちはずすことのないカメラを置いて語り出した。

原さんが　自分のことを話してくれたから
汗をだくだくしながら　話してくれたから
カメラで撮る人　撮られる人の壁がなくなった
私たちだけが苦しいのではない
そっと見守る人もいる
支えてくれている人たちがいる
原さんがカメラに映る私たちを

理解してくれたように
大好きな家族に理解してほしいな
「また病気なの…」とすまされようとする
楽しいこと、苦しいこと、憂鬱なこと、怒り
きれいごとではない…心の中の叫び
心はまだまだ深い世界
花が咲かない人たち　ではなく
花を咲かせたいと願う
私たちのことをカメラで撮ってください
生きているだけで良い
私たちのうた
こんな勇気はどこにも存在しない

そういうときが人生にはある

けれども、
ある日　ふと気付いたんです。
そういうときが
人生にはある
ということに。

（「そういうときが」玉城）

友達

山城俊子

私は一人でいたい
私は一人はさびしい
私は一人でいたい
私は一人はさびしい
二つの心がいつもある

出会いの中の友達

高良輝男

毎年、ある季節は出会いと別れ
出会いは鏡のように、自分を照らし出す
出会いと別れの繰り返し

気の合う友、合わない友
気の合わない友は
今の自分に必要な友
気の合う友は
今の自分で、いいということ

別れは泣きたくなるが
また出会いがある

友達という言葉は
一人ではないということを
伝えている

先輩

島袋信男

友人と過ごした午後
読書家の彼と
食事をしたり、たわいない話をしたり
そして彼の家に行った
世間話をしながら　テレビをつけた
映りが悪い
大家や電気屋が嫌がらせをしているのかも
と、ボソッと言う
悩んでいる彼
自分の評判がよくないという

いつも独りでいるから、被害的になっているのかな
世間話をしながら
夕方まで一緒に過ごし　帰宅した
しばらくすると　電話がなった
彼だった
彼は
「私の評判が良くなった」と喜んでいる
一緒にいる事で彼の思い込みがよくなった
こんな私でも人の役に立てるのか
真実なのか……
人のためになれたのか
こんな小さなことでも
私には嬉しい事だ

あなたへ

さゆき

いつも元気な笑顔を　ありがとう
あなたの笑い声　おもしろい会話は
私の心に　火を灯してくれ
穏やかな一日の　始まりとなる

あなたは
「人の中でもみくちゃにされて生きてきた」
と言っていた
でも　それは　次々に起こることを
見通す　あなたの力となっていると思うよ

そして　それは　私を
人を　助けている

あなたの中に
心の恨みや辛さが訪れたとき
心配する友人が　たくさんいることを
忘れないでほしい
だから　もっともっと
自信をもてばいい

それでもいつも　元気なあなた
声をかけたり　笑顔をありがとう
私はずっと　感謝をしていられるのです

おれはまだ生きている

村吉幸夫

辛かっただろう　苦しかっただろろう
お前の体験を聞いた時
相当な人生と思ったものだ

やっと解放されたのに　亡くなってしまったのか
思いめぐらせると
これまでの自分と重なっていく

この世に存在しないと思うと　やるせない

苦しい　寂しい

それでも　おれはまだ　生きている
それは　世の中の光が
まだ見えるということ
ただ　ただ生きて行くこと
生き抜くことと思うから

くじけそうになったら

小室

人間は、
いつでも
弱みと強さを
もっている。
くじけそうに
なったら、
自然を求める。
人は、
ひとりぼっちじゃない。

闇と光の一瞬の境目

島袋信男

長い長い
重くて明けそうもない夜
闇と光の一瞬の境目
やっと　光をつかまえられた
そして　春はきたけれど
その先　何があるかわからない
それでも陽は昇っている
闇と光の一瞬の境目

花

ゆう子

われてしまったアスファルトの間から
むらさきの
かわいい花が
顔を出していた。
「こんな場所でも
お花が咲くんだ」
私は嬉しかった。

視線を変えるだけで、
今まで見えなかった
何かを
見つけるかもしれない。

平和だなぁと思う

高良正江

静けさの中に
いるとき
自然の美しさがわかる
静かに
飛行機が飛んでいる
ご飯がおいしい

人と人が
笑顔で
しゃべっているとき

子どもたちが
にこにこ
遊んでいるとき

好きな人と
仲良くしているとき

平和だなぁと思う

自然の恵み

山城マサ子

梅雨晴れの
ひさしぶりに仰ぐ青空
ひんやりとした空気が
肌に心地よい
自然の恵みに寄り添い
触れ合って

野鳥が飛び交うすすき野は
白百合の香り漂う

のどかな静けさ
ああ　自然の恵みに誘われ
語らって
生きている喜びに満たされ
感謝している

そういうときが

玉城

いつのころからか…。
花を見るのが
好きになりました。

それまでは
あんまり
気にもとめませんでした。

けれども、

ある日　ふと気付いたんです。

そういうときが
人生にはある
ということに。

心の点検

M・A

どのように言われても　良いではないか
どのような視線をあびようが　良いではないか
「嫌われたら　嫌われてればいい」
ある一文がストンと胸に落ちる
でも時々そんな自分が心配で心の点検
苦労が足りないからぐちや弱音が出るのかな
なかなか腹はすわらない
いつまでも　同じところで足ぶみばかり

少しのさみしさ

M・A

さみしくて よかったなぁ
だから　みんながいる場所につながった
さみしくて よかったなぁ
だから　やさしい気持ちに心うごかされる
これまで　いつも　いつも　ひとり行動
私はひとりに強い
思いこんでいた
いつのまにか
孤立　疎外感

悲しい気持ちが　ごちゃまぜ
いろんな感情を背負って
今にたどりついた
人間関係は　にがてだけど
人は信じたい
いつも　ねじれてゆくけれど
訓練する場所を私は与えられた
少しのさみしさが
後押ししてくれる

どんな小さなことでも

上地美智子

朝起きると、
いやなことで
いっぱいになっている私

でも、
「昨日良いことがあったね。
きっと今日も良いことがあるよ。」
と言われたりすると、
自分が忘れていたことを思い出して、

疲れていても
起きる気になって
元気になるのです。

どんな小さなことでもいいのです。

何か良いことを思い出して、
幸せになるのです。

夢

渡慶次政行

夢を書いていた自分が
今は思い出を書いている

野山走った時もあった
海で泳いだことも

同級生もあの頃と
同じ顔だ

生き抜くことが幸せなり

上原熙譜

本土で働いていたころ
病気にかかって
ここ古里に戻ってきた
幼いころから知っていた病院へ入院
デイケア、売店の仕事、老人ホームの清掃
いろいろな出来事は大きな財産
「幸せ、不幸せとは思わぬがー
生き抜くことが幸せなりかなー」
短歌で
経験した自分を見つめている

ぼくは　そう考えている

徳田浩

人は一人では生きていない
人の輪の中に
自分がいて、他人もいる
それが社会なんだなぁ……。

でも、人と付き合うと
楽しいことばかりではなく
もめ事もたくさんある

たまには一人になりたいと
と思う事もある
でも一人では生きてはいけない

人と人がここちよくいられるような
ふれあいが大切なんだなぁ……。
ぼくは　そう考えている

氷を持って3階まで

西里

毎日　毎日
晴れる日も
曇る日も
雨が降る日も

氷を持って　3階まで運んでくる
腕も太くなってきた
筋肉がついてきた

皆のため
氷を運ぶ
自分のため
まだ大丈夫
まだ大丈夫

人生最上の仕事

石川勝則

僕らに示されたのは何だろう。
僕らのなすことは、
何だろう。

一日一日
平凡に過ごしてはいるが、
振り返ってみて、
「これでよかった」と思える
仕事をしてみたい。

仕事は出来栄えではない。
すごくきれいでもない。

「あなたしかできない仕事」

これが
私達一人一人に与えられた
人生最上の仕事。

座談会

私たちの言葉

精神科デイケア「文芸教室」について

城間久美子　精神科デイケア課長　精神保健福祉士
下地美智子　精神科デイケア主任　看護士
石川勝則　メンバー　沖縄県精神障害者連絡会連合会
高良正生　メンバー　沖縄県精神障害者連絡会連合会

●精神病デイケアの「文芸教室」

下地　２００２年に、牧師先生がサマリヤ人教会の牧師として就任して、デイケアの活動に参加するようになりました。文芸教室が、最初は集中できるようにと音楽を取り入れてみましたが、終了時間まで参加するのが、メンバーにとっても難しい状況でしたね。試行錯誤して現在の「文芸教室」をやりはじめました。

城間　最初は、象形文字とかつかって、漢字の成り立ちとか、榎本先生が説明したりしていたんですよ。文字にはこういう意味があるんですよっていうけど、メンバーさんはみんなぼーっと聞いているだけ。ああこれはもう一回で終わってしまうなと。みんな非常に正直だから二回目は出ないとわかる。「先生、喋りすぎです。もう喋らないで」って言って、ははは、「もっとみんなからの話を聞いてみましょう」と。牧師先生は喋るのが仕事ですけど、「そうか、そうやったんや」と納得していただいて、メンバーの話を引き出すようにしていって、そのうちに「みんなの言葉がすばらしいから、思っていることを書いてみようじゃないか」と、ではそれでやってみましょうか、と。

下地　お話を聞いたあとに、メンバーさんが詩を書く、ただそれだけの活動なんですけど。「自分は書けないよ」っていうかたには、スタッフがさりげなく気持ちを聞いて、本人が言った通りに書いていく。すると、メンバーさんの紡ぎ出す言葉に、すごく感動したんですよね。今まで接してきてわかっていたつもりだったメンバーさんの声……

石川　「声なき声」。

下地　そうそう。こんなことを思っていたんだ。感じていたんだ、経験してきたんだ、ということが伝わってきたんです。涙が出そうになったり、心が熱くなりました。

高良　石川さんと僕は、当事者活動といって精神障害者を助け合う会の会長、副会長なんです。全国で出来た組織の流れを汲んで、沖縄でもつくろうということでやってきたんですよ。もう二十年も前。その時にも「集い」というか、座談会みたいなのがあった。その頃は、自分の病気のことを言っちゃだめという雰囲気が、病院の中にもあったんですよ。当事者みんなで集まっても病気の話はしない。自分は病気じゃないぐゎーしー（病気じゃないふり）？　その「集い」では、病気の話をしなさいと。

その流れで当事者活動として、なにか社会にアピールできないかと思うようになった。でも本を書くというのは、文章を長ったらしく書くのは人によっては難しい。何があるのかって考えたら「自由詩」、誰かに何か言われて書くのではなく、まったく自由に、自分が思っていることを書いてやればいいいんじゃないか。

でもなんでも自由にといっても出来ない場合もあるから、テーマをつくって、書いてみてくださいよ、と。それで書いて、出来上がったものを見たら、牧師が「こんな詩はないで」と驚いた。
　確かに普通の詩というのは「つくって」ますよね。どっか考えて飾って。でも僕たちの詩っていうのは、体験談なんですよ。まったく自分が体験した、その時受けた気持ちとかこころをそのまま詩にしているんですよね。だからこれは嘘じゃないんですよ。その重み。

石川　やっぱり「本音と建て前」というのは、分けて考えるよね。でも、本音と建て前の使い分けは下手！　つい本音を言ってしまう。飾ることが苦手で。ストレートでいうから、フォローできないわけさ。それでなんかまわりの空気が悪くなるわけさ。そして、ものが言えなくなって「声なき声」になっていく。

下地　なかには自分はどうしてもできないというメンバーもいて、その時にはその人の傍《そば》に座っておしゃべりするんですよ。おしゃべりしながら出てきた言葉をしらんぐゎーしーして（しらんふりしてさりげなく）書いておいて、言葉を並べてみると「あっ、詩になっている」と。そういう感じです。

城間　みんなが書きやすいように、「最近起きたこととか感じていることとか、辛いこととか、そんなので良いですよ、テーマと全然はずれていてもいいですよ」と、かたくならないよう、そういうところも、ちゃんとふまえておかないといけない。やっぱり病気のせいもあって、うまく相手に伝えられない。お互いやさしいことを言おうと思っているのに、出た言葉はきつく言ってしまっている。お互いにうまく言えていないということがわからないままに、傷ついてお互いに心が離れていく。精神障害者の方はわりと自分だけのペースで進んでいくことが多いのですよ。なーめーめー、なーめーめー（おのおの自分だけ）。そこを、なーめーめーならないように、スタッフはつながっていくようにする。メンバー同士、同じ優しい気持ちでやろうと思っているのに、どうか「誤作動」をおこさないように。誤解があってつながらないところに、スタッフがはいって、「いまこの人が言っていることは、あなたの言っていることと一緒だよね」とか、言葉の不足を埋めたり、絶えず意味を伝えていく。そうすると被害者的な気持ちがうすれる。自分の世界だけで起きていると思っていたのが、そうではない、他の人にも起きていたのだということに気付き始める。ちょっと自分の世界が開く感じ。そういうことがお互いの気持ちを綴った文を読んでいくうちに文芸教室の中で出てくるんですよね。

自分の綴った思い、心の中でおきている言葉を読むことで、みんなでその世界を共有できるようにするんですよ。必ずメンバーが書いた詩は読みあげますからね。

●こうしてわたしたちの詩がうまれる　「文芸教室」の流れ

下地　普段の日は、デイケアでは各々の分かれて、いろんな活動をするんですよ。でも「文芸教室」のときは、全員がひとつ、みんなでやるんです。はじめの頃は、カーテンも閉めて暗くして、みんなが集中できるような環境にしました。

まず牧師先生が、詩を読んだり、音楽をかけたり、ビデオを観たりして、お話をするわけです。その後、メンバー、スタッフで、それについて雑談をして。それから書き始めるわけです。

スタッフも、「詩を書けないよー」っていう人のそばにいて、その人の言葉を書き留めたりする。例えば、いま石川さんがお話していたことを、私は知らんふりして書き留めておきました。すると、こういうふうな詩になるんですよね。これは手直ししてもいないし、石川さんが話していた通りの言葉です。

本音と建前

本音と建て前
使い分けは下手
つい本音を言ってしまう
飾ることが苦手

思っていることを
本音を言うと
あいって
怒られる
ストレートに言うと
相手も病気だからぶつかってしまう
ものも言えず
声なき声になってしまう

石川　よく書きとっていたねー。

下地　こんな風に飾らない自然な会話を文字にすることで、メンバーの気持ちがすごくわかるんです。大体おしゃべりしながら右手を動かして書き留めたりします。

城間　スタッフがひろった言葉やメンバーの書いたものを最後に、私がその場で読み上げるんです。書いてある字や内容が読めなかったりするときも、その人がだいたいどのようなことを言っているのかわかるので、読んでいるときに、「こういうことがあって、こういう気持ちになっていっているんだね、いまこんな風にもがいているけれど、変わろうとしているよね。それは皆も一緒、よくわかるよね」というふうにおのおのきいてみたり、気持ちをプラスして、スタッフの経験知でもって彼らの気持ちを推し量って、共有できるよう、つながるように話すんです。

ただみんなの前で読むだけではなくて、彼らのつらさや、がんばっているところを、スタッフはわかっているよ、みているよ、ということも、ちゃんと返すようにするんですよ。

下地 課長が読むと胸を打つんです。それは普段から、メンバーさんたちのことや彼らが持ってる悩み、問題をほとんど把握しているからだと思います。私たちスタッフもその朗読をだまって聞いていますが、「ああこの方はこういう背景があって、だからこういう気持ちになるんだ」と、理解が深まるんですよね。病気のメンバーさんというだけじゃなくて、人間としてのメンバーさんに対して、思いが、深くなる。

高良 感想というか、誰々さんの詩ですと読んでそのあと課長が補足するんですよ。この人こういうこと書いているんですけど、二、三日前にこういうことがあってと、背景がわかるから、背景が見えるから、詩とだぶって感動があるんですよ。

石川 読まれているのを聞くと、まったくその通り、と感じる。イントネーションとか。疑問符で書いたものも疑問で読むし、感嘆詞で書くと感嘆詞で読みますね。

でも自分の詩は、朗読されるとなんか気恥ずかしいね。自分で読むのは、もっとイヤだね。

城間　みんなも回を重ねて言葉にしていくのが、早くなりました。前は「書いてください」って言ったら、書くまで、時間がかかっていた。最近はテーマも大事にしながらも、各々の人にこんな出来事があったよね、その気持ちを言葉にしてみようよと振っていたんですよね。でも最近ね、一人ひとりのメンバーに「テーマは関係なくてもいいですよ、自分の最近の気持ちを」って言ったら、みんなすぐ書いていく。正生さんなんか、最初、詩なんか書くヒトじゃなかったよね。

高良　書いていたよ。

城間　書かないヒトでしたよ。正江さん（奥さん）が元気な時は。「そんなにまでおれ、詩に興味がないよ」って。でも正江さんが入院してから淋しさがでてきてから、気持ちをすごく書くようになって。その頃の寂しさみたいなものが言葉に出てくる。

石川　こんな感じです。詩の背景を補足していく。

高良　自分だけで昔書いていた詩は、理屈っぽくて難しかったんですよ。ところが奥さんが入院して書くと、本当のことだから、かっこつけるもくそもなにもないんですよ。そのままありのまま書いたら牧師先生が「いい」っていうんですよね。僕としてはかっこつけた方がいいと思うんだけどね。

石川　推敲は、榎本先生が、最初のころやってましたね。ここはこの言葉がいいんじゃないかーとか。これは説明文になっているからいらないとばっさりと切ったり。

城間　座って対話しながら。榎本先生は、「これ、こんなんちゃうやろ」とかそんな気さくな感じで話して。だから出来たらすぐ先生のところに持っていって、「先生、これ見て」って推敲してもらって。多分推敲してもらうこともうれしいんだと思う。それもコミュニケーションだよね。自分の詩をみてもらって話しているうちに、それで自分のこころの中に温かいものが流れるんだろうなーと思います。詩への評価ではない。評価じゃないんだよね。「こういうことがいいたいんだよね」って、本人に確認して、「これだと伝わらなくなるよね、こうしたらいいよ」と話しかけながら。

●詩が読まれている時は、光が当たるんです

石川　書くとすっとしますよね。思い悩んでいることをそれを詩の形にしてちょっとかっこつけて、そして読まれると、すっとします。

すっとしたというか、自分がいいたかったことを書いて、そのうち誰かが読んでくれるだろうと思うとうれしいよね。

下地　私が手伝っている方は自分でなかなか言葉を発しない。デイケアに来てもただ黙っている。そしてなかなか自分の気持ちが表現できない、目立たない。そういう方々のとこ

ろにいって、テーマにそわなくても、ぼそっと話す言葉を書くんですよね。デイケアにきて、誰と話すわけでもなくただご飯を食べて帰るだけの人のぼそっとした言葉が詩になり、その詩が読まれている時は、そのメンバーに光が当たるんです。これまで光が当たったことのない人に、ですよ。すると本人も、他のメンバーも、スタッフも表情が変わるんですよ。その人のことが前より分かるようになり、他のメンバーさんも話しかけるようになり、つながりみたいなものができる。不思議な感じです。

城間 「自分はひとりぼっちじゃなくて、あの人もこう感じていたんだ、この人もそうなんだ」って、自分一人ではなかったって共感して、あたたかい雰囲気がつくられていく。

主任がやっているのは、粘土のようになっている心からどうやって芽を出せばいいのかわからないけれど、その心の小さなすきま、すきまに、そっと水を入れて、粘土が段々柔らかくなっていくような感じで、少しずつ言葉を書いていく。「これはこういうことだよね」っていう主任の言葉を聞いて、その言葉にメンバーの心が動いて、また次の言葉が出てきて、「ああそうなんだ、こういうことなんだ」。すると、また次の言葉が出てくる。自分の言葉で言うというより、かけられる言葉に反射して出てくるという感じになるのかな。

職員もいろんな人がいるから、この人とだったら話ができるという人のそばに行って、聞いて、その言葉を拾って、書いてという作業のくり返し。
文芸教室で、メンバーさんがお互いに詩のことを、批評するとか話し合うことはないんですけど、自分の思っている気持ち、言葉を出していく、スタッフが拾っていく作業の蓄積で、お互いが理解しあっていく感じになっていくんです。今では文芸教室は、カーテンも閉めないでやっていますよ。

下地　前はよくカーテン閉めてっていわれたのですけど、今は、もう明るくても…

石川　今は集中できる。それまでの積み重ねがあるから。

●重い詩から明るい言葉へ

高良　昔の詩は重たかった。自分の心の中にあるものをはき出したかったんだとおもう。
それをはき出したあとに、回を重ねていくうちに、はき出すものが軽くなっていき、詩自体が明るくなっているんです。つらい、くるしいという言葉から、未来とか光とか、明るい言葉が出てくるんですよ。前の時代と今の時代とかわってきているんだよね。前の重たい詩もいいかんじだけどね、今の明るい詩もいいんだよね。

城間　最初に体験を話すとか書くというのは重たいんですよね。でもそこから始まるんですよ。みんなにつながるには、まずは自分の体験を正直にはき出すことから。みんなも経験してきているから……。

高良　でも、ずっとやってやって（書いて書いて）やるから、（重いものが）なくなるんです。心が軽くなるから、書くと、軽い詩が出来るんです。「夢」とか「希望」に向かっていくんです。詩を書くこと自体が、心のリハビリになっているんですよね。みんなの顔も昔と違うよね。

城間　そうだよね。最近は○○さんは症状もよくなって、「詩が生まれなくなってきた」って言っていた。ははは。アルコール依存症も良くなっているでしょ。心が軽くなっている。

石川　明るくなった分、軽くなった分、他人のためにいろいろ助言できるさぁ。「俺は十年前、こんなだったさー」「あーそうねー」って。それから話が盛り上がったりして。

城間　新しく入所してきた人はね、話すのも苦しそうで大変だよ。最初の詩は重たくて暗いもんね。

高良　新しく参加する人は、とまどうみたいね。

城間　必ず書きなさいじゃなくて、書かなくても良い、そこにいるだけでいい。まず皆の思いをきいて、という雰囲気をスタッフは気を付けるようにしている。そうすると、皆の言葉を読んだあとに、自分と同じ思いをもっていることに気づいて、後から自分の言葉を書いて持ってきたりする。

下地　普段からの関係がすごく出るんですよね。「書けないよー」って言うと、「昨日こんな事があったよね」と、そこから話していって、いつのまにか「じゃ書いてみるさー」っていいますよ。そんな言葉をひろって書き留めて、それをまとめて榎本牧師に持っていって、それを、課長が朗読する。すると本人が感動して泣いたりするんですよ。

高良　詩を読んでいると、文字にふれていると、書いたヒトのイメージがわーっと湧いてくるんだよね。たんなる言葉だけじゃなくて。

石川　自然についての詩が多いのは、普段の人はいそいそ歩くからわからないだろうけど、僕らはのそのそ歩くから。人生ものそのそ歩くと、そしたら見えてくるわけよ。バスのったり、タクシーのったり、車のってたりしていたら書けない詩だから。歩くと書けます。

高良　詩の中にあるんだけど、書いてあることを「これ幻聴でしょう」ってきいたら、「うんこれ本当にあったことよ」って。えーっ、こんなこと現実にあるのーって思って、自分の詩を見たら、似たようなことを書いていて、ああこういう意味かってわかった。

　妄想っていうか幻聴っていうか、それを本当の物語として、自分で思ってしまうんですよ。それをそのまま書いているんだけなんだけど、読んだ人は、それを詩だと思ってしまうわけなんですよ。本当にあったことを書いているわけなんだけど。

城間　「幻聴ってあるよね」っていうところから始まらないと、お互い話ができない。「幻聴ってなんだろうね」って話し合って、「それって辛い現実から逃げようとして起こるのかもしれないね。意外と自分を助けているふしもある。独りぼっちにならないように」とか、考えるわけ。寂しいと思う気持ちは幻聴にも反映する。辛い気持ちのときも。

石川　榎本牧師に言われたのは、「みんなの詩は原石だ。まだ磨かれてないんだ」。

●朗読会でつながる世界

石川　最初はスタッフに言われて、ちいさいところで10分くらいの朗読をやったのがきっかけです。そのあとに朗読をする先生を呼んでやったり、詩も増えてきて、朗読もする、歌も歌うし、手話ダンスもするしと、どんどん広がっていった。

高良　僕たちは、当事者の会で、前から講演会とかやっていたので、その流れで朗読会もそういうイメージでした。自分たちのことを知ってほしいから、僕たちのためとか、他の障害者のためとか、当事者みんなで力合わせて何かをやろうや、という感じ。

ひとつやってうまくいくと、こっちでもやって、あっちでもやってとくるんですよ。それから、ほかの人も一緒にやってみたらどうかとか。必要とする人たちがこんなにいるのだから、他の人たちもやってほしいですよ。その環が広がるまで、出来るところまで、自分たちでもやろうと。

世の中も昔とは変わってきて、今、精神障害者というと極端に暗いイメージ持つ人はあまりいないんだけど、それがもっと広がっていくと、例えば、障害者は障害を武器にしてテレビに出ることが出来るとか、積極的なイメージになれば、僕らがやったことは、意味があるのかなと思っているんですよね。

下地　健常者がイメージする障害者の朗読というと、失敗しても「あっ、障害者だから仕方がない」と考えてしまう。ではなぜサマリヤ人病院精神科デイケアの朗読会が、みんなの心を打つのかというと、課長の存在が大きいような気がします。課長は障害者だからという事で妥協しません。課長の方針で健常者、障害者関係なく、本物の朗読を求める。声の出し方とか。私は、どうしてお金をかけてまで、講師を呼んで練習するんだろうと思っていたんですよ。

城間　いやいや私じゃなくてね、「書くだけでとまらないで、朗読もやらないと」という榎本先生がいて、朗読やるなら先生を紹介するよって。「えっ、朗読もするんですか」って、そのオーダーにびっくりしました（笑）。

そこで朗読の先生に来てもらってみんなで朗読の練習をする。朗読そのものがうまくなるという事と、なにかみんなで一緒にやるというのが楽しいんですよ。

そして、朗読の先生とのつながりができる。そこから又いろんな人とつながる。教えてもらうということを通して、自分たちの世界とつながっていく。

皆は「朗読なんて、病気なのにそんなできるかねー、人前で」って思っていたけど、やっていくとできるかもしれないと少しずつ実感するのですね。又、朗読会ではピアニストの方とかとも出会い他の人との出会いで、自分たちの世界が広がっていくことを、途中から気付き始めた。それで、人に会うこともおびえないでやってみようか。そういうふうにして、朗読もちょっとずつ増えてきた。

「たいへんさー、ジュンク堂さんからオファーきたさー」とか、「ジュンク堂よ、ジュンク堂！　ふふ。あっさみよー」ってみんな言いながら話し合うんですよ。「どうするどうする」って。「いやぁ怖い」とかいうけど、でも高良さんや石川さんなどがおびえないで、がんばろうっていう人たちが「俺たちが何のためにやっているのか」という話し合いになったりして、だんだん前に出てくる人が増えていく。役割が増えていく、そんな感じがする。

高良　やっているとね、朗読を聞いて家族が泣いていたり、手をたたいて喜んでいるのをみると、やってよかったと思う。最初自分たちのためにやっているはずなんだけど、なんかそういうものを見ると……。

石川　みんな病歴、長いんですよ、三〇年、四〇年とか。病気にかかった時は両親が健在で、兄妹が元気だったりするけど、だんだんまわりにいなくなってくる。僕の場合、全員いなくなって、兄さんも姉さんもあっちこっちいって、ひとり暮らしになっている。家族構成は、病気になった時と、時間が経つとがらりと変わります。助けてくれる親はいなくなるし、親がいなくなると、兄妹というのはなかなかつながらなくて。理解できる兄妹がひとりでもいれば、もうそのところにいって話をするとかしかないから、兄妹げんかもしたくない。デイケアだけでなく、肉親と話し合いをしないと、いくら病気良くなったといっても、入院せずに地域で暮らすのはむずかしいんです。

城間 根底には、自分の病気のせいで家族に非常に迷惑かけているという思いが、みんなものすごくありますよね。迷惑かけて、どこか疎んじられているところも感じていて。やはり病気のわるい時にはかなり暴言もはいているから、自分が回復していくにつれて、そういうことも悩む。よくなったからといって、のこのこと家族の前に出ていけないという自分がいる。

遠くの方から「姉さん元気かなー」「自分のためにわざわざ来てくれているんだなー」と思っている。そういう思いが心の中にしたためられているから、詩にはそういうのが出るのか……。

ＮＨＫの番組に出演した時に、渡慶次さんは「このテレビは、家族もみてくれるかなー。

家族が（病気だった）自分がこんな風にがんばっているっていうことを分かってくれたら、一番嬉しい」って言っていた。その通りだなーって思いましたね。一番迷惑かけていた自分が、いま朗読したり、ラジオ出たり、テレビ出たりしてがんばっているのを、家族に分かってもらうのが一番嬉しいんです。

●人と人はつながろうとする

城間　人は人とつながろうとする。私たちは、病気によってつながれない人たちをつなげようとすることを仕事としている。人間はつながらないと生きていけない。自分ひとりでもいられる一方、つながらないと生きていけない、どっちも大事。

彼らは人とのつながりが切れている人が多い。でも詩を書いたり、朗読をしたりして、人や社会とつながりだすと、自分だけの世界に閉じこもるだけではなく、仲間や人の事も考えるようになる。相手のことを知り、思いやれるようになる。自分の病気だけに目を向けるだけでなく。

彼らと一緒に生きていくようになって、自分が携わるようになって、私もいろんな体験をしました。

心に病気をもつ人とかかわること。それって普通、一生の中で、なかなかないことだなって思います。彼らの世界を理解することは、自分を知り、人間の奥深い苦しみやよろこびを理解することです。

彼らは、病気の世界だけで埋没しそうなところを、スタッフらとの相互交流や外部からの人の風も受けて、自分たちも、他人の世界（病気の世界）に行けるということを意識しないといけない。スタッフだけ、メンバーだけの世界、病院の世界だけでなく、外の世界の人とも知り合う。自分たちだけが理解していればいい、という世界に埋没してはいけないと思うのです。

高良　こういう活動はもっとひろがってほしい。他の障害者もいるし、最近は鬱もはやっているようだし、そういう方たちの気持ちを楽にしてあげるような詩集になったらいいと思う。

自分たちのためにやったんだけど、みんなの役に立ちたいと思う。

〈了〉

あとがき

この詩集は私ども嬉野が丘サマリヤ人病院精神科デイケア、デイナイトケアに通うメンバーさん達が普段の活動の中で書きしたためたものです。

第一作『私に似た花　それはきっといい花だろう』に続く、第二作目の詩集『風が光る』を出版する運びとなり、手にしてくださった皆様一人ひとりにお礼を申し上げたいと思います。

彼らの中には、心の病に苛まれることも少なくなく、そのために傷つきやすく口べたな人も多いのです。そんな彼らが詩を通して自分を表現することができたことが、彼らのカタルシス（浄化）につながり、気負うことなく自分らしく生きていけば良いのだと言えるようになってきているように思います。つたない言葉や分かりにくい言いまわしなどがあるかもしれませんが、彼らが書き綴ったこれらの作品には、彼らが感じている喜びや悲しみが素直に表現されています。

お読みになった皆様が、病で傷つくことの多い彼らの心の奥底に沈みこんだ優しさに触れてくだされば幸いに存じます。

嬉野が丘サマリヤ人病院　理事長　田崎　琢二

詩集　風が光る

2016 年 11 月 11 日　初版第一刷

編著者　心の風ふく丘 文芸委員会
（嬉野が丘サマリヤ人病院精神科デイケア）

発行者　宮城　正勝
発行所　（有）ボーダーインク
〒 902-0076 沖縄県那覇市与儀 226-3
tel098-835-2777　fax098-835-2840

印　刷　株式会社 東洋企画印刷

ISBN978-4-89982-309-4 C0092

花が咲かない人たち
ではなく
花を咲かせたいと願う
私たち

生きているだけで良い
私たちのうた
こんな勇気はどこにも存在しない